Yf 12005

L'HOMONYMIE
DANS LES PIECES
DE THEATRE,

Prouvée par la Comédie des Vandanges de Suresne, du sieur Dancourt.

Représentée pour la premiere fois en l'Année 1695.

par l'abbé thomesseau de Cursay

Extrait des Mémoires de M. DE LAVAU.

Cabinet de M. DEPALMEUS.

1756.

ACTEURS.

M. THOMASSEAU.
MARIANNE, sa fille.
THIBAUT, Jardinier de M. Thomasseau.
CLITANDRE, Amant de Marianne.
Mme. DES MARTINS, Tante de Clitandre, & d'Angélique.
ANGELIQUE, Sœur de Clitandre.
Mme. DUBUISSON, Cousine de Thibaut.
M. VIVIEN, Provincial.
BASTIEN, Cousin de M. Vivien.
L'ORANGE, Ami de Madame Dubuisson.
DARLU,
ROUSSEAU, } nommés dans la Chanson,
FITTE, } à la fin de cette Comédie,
FORELLE, } page 46.
Vandangeurs, & Vandangeuses.

La Scene est à Suresne.

L'HOMONYMIE
DANS LES PIECES
DE THEATRE.

L'Homonymie est auſſi fréquente à l'égard des Piéces de Théâtre, qu'elle l'eſt dans la Société civile. On ſe choqueroit vainement de voir porter ſon nom à des gens qui ſemblent le deshonorer par la baſſeſſe de leurs conditions, ou de leurs mœurs. Perſonne n'ignore qu'aucun Auteur n'a l'intention, ni le pouvoir de nommer, ou de perſonnifier qui que ce ſoit.

Au ſurplus, le véritable Thomaſſeau de cette Comédie, y fait conſtament le personnage d'un honnête-homme; le Thomasseau supposé, & sa fille, y caractérisent seuls le ridicule.

Les Frondeurs ignares qui ont osé appliquer, à qui il leur a plû, les noms & les personnages de cette Comédie, peuvent-ils croire que l'emprunt de ces noms puisse offenser les Maisons de :

Thibaut, Comte de la Riviere, Commandant des Mousquetaires du Roy ?

Thibaut, Marquis de la Carte ?

Thibaut, Comte de la Roche-Tullon, Marquis des Prés ?

Fitte, Chevalier, Baron de Soucy ?

Dubuisson, Chevalier, Marquis d'Auffonne, Seigneur de Margeville ?

Vivien, Chevalier, Seigneur de Saint Mars ;

Aussi célèbres par leur ancienneté, les grades militaires, & leurs illustrations, que par leurs alliances avec les plus grandes Maisons du Royaume.

Ainsi que les :

Desmartins, Seigneur de Ferolles ?

Rousseau, Chevalier, Seigneur de la Parisiere ?

Rousseau, Chevalier, Seigneur de Chamoy ?

Darlu, Ecuyer, Seigneur de S. Maurice ?

Forelle, Ecuyer, Seigneur de S. Aignan ?

Anciens Gentils-hommes de diverses Provinces & Cours supérieures du Royaume ?

Thomasseau, Médecin Ordinaire du Roi, par le choix Personnel de Sa Majesté, & honoré d'autres Graces au mois de Janvier 1693. (datte remarquable ?)

Ces Maisons, ou Familles connues, dont les Noms se trouvent empruntés dans cette Comédie, suffisent pour prouver l'*Homonymie* dans les Piéces de Théâtre. Quelle liste de noms ne feroit-on pas de ceux qu'on voit dans une infinité d'autres Piéces de Théâtre, ou de Poësie ?

PREUVES GENEALOGIQUES.

Thibaut-de la Riviere, Enseigne des Mousquetaires du Roi, le 4. Février 1724. Voyez l'Abrégé chronologique & historique des Troupes de la Maison du Roi. Tome II. page 230.

Thibaut-de la Carte.

Voyez l'Histoire des Grands Officiers de la Couronne. Tome VI. page 430. Alliance dans la Maison de Briçonnet, par le mariage de Françoise Briçonnet en 1639. Tome VII. page 903. Alliance dans la Maison de Nangy, par le mariage de Jeanne *Thibaut* avec Jean de Brichanteau-Nangy, Chevalier de l'Ordre du Roi en 1554.

Voyez Histoire *idem*. Tome IV. page 669. Alliance en 1591. avec la Maison de Roche-Chouart, par le mariage de Jeanne de Roche-Chouart de la branche aînée.

Tome *idem* page 851. Alliance dans celle de Choiseul, par le mariage d'Eleonore *Thibaut*, avec François Leonor de Choiseul.

Thibaut de la Roche-Tullon.

Histoire des Grands Officiers de la Couronne. Tome VII. page 388. Alliance de Pierre-Emmanuel *Thibaut*, Colonel d'un Régiment de Dragons de son nom, avec Marie-Claude de Beaumanoir-Lavardin.

Voyez Mémoires manuscrits de M. de Lavau, Auteur des corrections & additions du Dictionnaire Universel de Moréry des années 1732 & 1735.

Généalogie de cette Maison au Cabinet des manuscrits de la Bibliotheque du Roy.

FITTE-DE SOUCY.

Dont un Capitaine au Régiment de Maigneux. Ses Services Militaires engagerent le Roi à le faire Chevalier de ses Ordres, & à lui donner la Charge de Gentilhomme ordinaire de sa Chambre, lors de la bataille d'Avein, en 1635, & prise de Corbie.

Voyez Histoire *idem.* Tome VIII. page 263. Alliances des Maisons Des-Essarts, de Fayel, des Puches, & autres.

DUBUISSON-D'AUSSONNE.

Dont des Maréchaux de Camps des Armées du Roi, un Gouverneur de Ham, un Colonel de Dragons, un autre Mestre de Camp du Régiment de Conty.

Alliances des Maisons de Damas, de Renaldy, Cunis, & de Foudras-Contenson. Voyez Hist. *idem* Tome VIII. page 337.

VIVIEN.

Dont la Famille a produit plusieurs personnes distinguées par leurs Services, & a l'honneur d'être alliée aux Maisons de Rohan, de Bouillon, la Tremouille, Clermont-

Tonnerre, Lanty, & Belmont Princes Romains, Talayran Prince de Chalais, Davré, Coche-Filet, Vieux-Pont, Crêve-Cœur, Joyeuse, & la Roche-Aimon.

Voyez Mémoires de M. Guiblet.

ROUSSEAU-DE LA PARISIERE.

Dont plusieurs dans le Service Militaire, & dans la Magistrature.

Voyez Mémoires de M. Felibien.

ROUSSEAU-DE CHAMOY.

Dont plusieurs dans le Service Militaire & dans la Magistrature; un d'entr'eux Envoyé extraordinaire en diverses Cours d'Allemagne depuis 1687. jusqu'en 1691. Puis Plénipotentiaire du Roy à la Diette Impériale de Ratisbonne en 1705.

Voyez Mémoires de M. de Lavau.

DARLU-DE S. MAURICE.

Dont plusieurs au Service Militaire en qualité de Lieutenants-Colonels, Brigadiers, Commandants de Places Fortes ; & d'autres dans la Magistrature sous les regnes de François I. Charles IX. Louis XIII.

Voyez Memoires de M. de Lavau.

FORELLE-DE S. AIGNAN.

Famille originaire du Bugey, qui a produit plusieurs Officiers & Commandants de Corps de Troupes en France, & en Pologne dans les XIV. XV. XVI. & XVIIme. siécles.

THOMASSEAU-DE CURSAY, DE LANDRY, DE LA PARISIERE.

Porte pour Armes :

Enté en pointe d'argent & de sable de onze Piéces.

Supports : deux Levrettes colletées d'une dépouille d'Hermines.

Devise : *Malo mori, quam fœdari.* (qui signifie :) Plutôt mourir que me deshonorer.

Ancienne famille d'Angers, qui a produit des Hommes distingués dans les Sciences, & le Barreau, y en ayant eû plusieurs dans les Tribunaux de cette Ville dans les XIV. & XVme. siécles ; & opulents dans les biens de la Fortune, possédants depuis très-long tems des Fiefs Nobles dans la Province d'Anjou, entr'autres celui de *Cursay*.

Dont :

André-Paul Thomasseau, Ecuyer, Seigneur de Cursay, de Landry, des Granges de la Touche, *du Bourg*, & *des Roches*; iſſu de la branche ainée de ſa Famille; Docteur ès Loix; Doyen des anciens Echevins de la ville d'Angers en 1553.

Il fut choiſi cette année par les Maire & Echevins pour poſer la première pierre de la réconſtruction & élargiſſement du *Quay* de la ville d'Angers, auquel on impoſa le nom de *Thomaſſeau*. Il fit frapper à cette occaſion des Jettons dont le type ſymbolique repréſentoit l'origine ancienne de cette Ville, avec cette Inſcription: *An. 867. Reg. Carolo II°. Franc. Rege Robertus Fortis March. Fradren. I. Comes Andegavus, Sumptibus ſuis Andogav. Civit. Reædificavit.* Et au revers: les Armes de *Thomaſſeau* avec cette Inſcription circulaire: *And.-Paul. Thomaſſeau de Curſay. & Landry*. 1553.

LOUIS-PAUL THOMASSEAU DE LANDRY, fils cadet d'André-Paul. *Thomaſſeau de Curſay & de Landry* mérite qu'on le faſſe connoître à la poſtérité, par ſon caractère, ſa valeur, & ſes talens.

L'eſprit droit & juſte, ſon ſavoir n'étoit

jamais sans modestie, qui le faisoit rechercher de tous ceux qui le connoissoient.

Militaire brave & prudent, il a mérité l'estime & l'amitié de son Corps, des Chefs qui l'ont commandé, & des Généraux.

Il se distingua beaucoup à la Bataille de Montcontour, où le Duc d'Anjou, depuis Roi de France, commandoit contre l'Amiral de Coligny, Général de l'Armée des Huguenots. La double charge qu'il fournit à l'Ennemi, lui attira les louanges que le Duc d'Anjou lui donna par sa lettre, le lendemain de l'action en 1569.

Il s'est trouvé à tous les Siéges & Batailles pendant le cours de sa vie.

En 1587. à celle de Coutras, sous le commandement du Duc de Joyeuse, dont il fut si applaudi, que le Roi lui ceignit une Epée, que ce Prince lui donna.

M. *de Landry* étoit le plus ancien Officier du Corps de l'Artillerie, ayant servi sous sept Généraux de ce Corps,

Sçavoir:

Philbert de la Guiche.
François d'Epinay, de Saint Luc.

Antoine d'Estrées, *Marquis de Cœuvres*.

Maximilien de Bethune, *Duc de Sully*.

Maximilien de Bethune, *Marquis de Rosny*.

Henry de Schomberg.

Et Antoine Ruzé-Deffiat; qui l'ont tous fort estimé, comme il paroît par la grande quantité de Lettres qu'il avoit de tous ces Messieurs.

Son savoir dans les Mathématiques, lui avoit acquis une grande réputation; ayant composé une Table Septentrionale & Méridionale des Positions par les trente-deux degrés, bien plus nette, sensible & probante, que celle du Savant Jean de *Mont-Royal*, ou de *Henrion*, Professeur de Mathématique; ni aucun autre Auteur jusqu'à présent.

Son Traité de la *Pyrotechnie*, est composé de quatre cens treize pages de grandeur *in-*4°, avec plus de trois cens feuilles de desseins d'attaques & deffenses.

Vingt-deux différents Plans & Profils d'affuts; & machines nouvelles pour mener le Canon dans des chemins impratiquables, ou sur des lieux escarpés, jusqu'à présent inconnues.

Tous ses Mémoires de Littérature sont en la possession de la Maison d'Effiat ; M *de Landry* les ayant laissés à M. le Marquis d'Effiat. Il seroit bien à souhaiter qu'ils fussent imprimés & donnés au Public.

Voyez le *nota* à la page 15

M. de Landry est mort en 1629, âgé d'environ quatre-vingt neuf ans, encore garçon.

Tout ce récit sur *M. de Landry* a été écrit à Peronne le 9 Mai 1630. par M. Charles *du Plessier*, Chevalier Seigneur *de Certemont*, de Franssart, & de Villers-Carbonnel, d'abord Capitaine d'une Compagnie de gens de pied dans le Régiment du Vidame d'Amiens, puis Capitaine des Bombardiers, & qui en fut fait Commandant lors de l'érection en Corps. Il épousa en 1629. Françoise Vigneron. (Cabinet de M. de Palmeus)

M. *de Certemont* voyant paroître à Peronne une *Pyrotechnie* imprimée *in*-4°. à Pont-à-Mousson, & dédiée à Son Altesse Monseigneur de Lorraine par le Sieur *Jean Appier Hanzelet*, Lorrain ; écrivit de sa main le 19 Août 1632. sur le frontispice le nom de

M. *de Landry* avant celui du prétendu Auteur de cet Ouvrage ; & au *verſo* de ce frontiſpice, tout ce qui ſuit :

« Le ſieur *Appier* auroit bien dû célébrer
» & faire connoître les Auteurs de divers ob-
» jets rapportés dans cette Pyrotechnie, qu'il
» dédie à Son Alteſſe Monſeigneur de Lor-
» raine. Veut-il leur ravir l'honneur qu'ils
» méritent, pour ſe l'approprier par ſon in-
» duſtrieux ſilence ? A-t'il crû fermer les lévres
» de pluſieurs Camarades dans l'Artillerie du
» ſieur *Louis - Paul Thomaſſeau de Landry*,
» qu'ils ſavent être l'inventeur primitif ou
» l'Auteur qui a perfectionné les Objets cités
» dans cet Ouvrage, uſurpé en partie, & rap-
» portés aux pages 19. 23. 29. 68. 70. 124.
» 134. 146. 168. 172. 175. 176. 177. 203.
» 211. 217. Cette fineſſe pourroit réuſſir
» trente ou quarante ans après la mort de M.
» *de Landry*, parce que ſes Camarades,
» Amis, ou Elèves ne ſeroient peut-être plus
» de ce monde. «

» Le ſieur *Appier* trouvera bon qu'on le
» loue de n'avoir fait paroître cet Ouvrage
» que dix mois après la mort de M. *de Lan-*

» *dry*. Et pour qu'il n'ignore pas de qui sont
» ces réflexions, je les publierai sur tous les
» exemplaires qui me viendront sous les yeux,
» en assurant que c'est de *Certemont* Officier
» d'Artillerie. A Peronne le 19 Août 1632. »

Et au bas de l'Epitre dédicatoire, après la souscription de *Jean Appier Hanzelet*, M. de Certemont a ajouté : « Usurpateur de la
» plus grande partie de cet Ouvrage, notam-
» ment de plusieurs de M. *de Landry*, Offi-
» cier d'Artillerie mort en 1629. «

Nota ; Les biens de la Succession d'Antoine Coëffier-Ruzé, Marquis d'Effiat, furent adjugés par Arrêt du Parlement de Paris, rendu en la quatriéme Chambre des Enquêtes le 29 Mars 1724, au profit de M. le Duc de Mazarin, comme héritier des Propres paternels du Deffunt.

Et aussi au profit de Damoiselle Angélique d'Escoubleau de Sourdis, Veuve de Gilbert Colbert, Marquis de Chabanois & de Saint Pouange, comme héritier des Propres maternels, meubles & acquets du Deffunt.

Voyez *Cabinet de M. Depalmeus*, 22e *Portefeuille*.

JOSEPH THOMASSEAU, SEIGNEUR DE CURSAY, DE L'ANDRY, & autres lieux; né à Angers, Docteur-Régent en Médecine des Facultés de Montpellier & de Paris en 1677, Médecin Ordinaire du Roi, par le choix Personnel de Sa Majesté, au mois de Janvier 1693; avoit fait, le 12 du même mois, un Discours trés sublime, dans la salle du Jardin du Roi, auquel avoient été invités les plus Grands Seigneurs de la Cour, & les plus savants Hommes de ce siecle dans les Académies.

Ayant donné, six mois auparavant, un Problême à deux jeunes Médecins sur la Circulation du sang, & auquel il avoit annoncé répondre par un Discours décisif sur cette matière; il parla pendant une heure & demie avec une élégance, un savoir, & une facilité sensible & si claire, qu'il a mérité les applaudissements de toute l'Assemblée, tant de la part de la Noblesse, que des Praticiens.

Et le Roi, sur les récits qui lui en furent faits par les Grands qui y assisterent, voulut voir ce Savant Homme, qu'il reçut avec distinction, & s'entretint avec lui l'espace de trois quarts d'heure. Sa Majesté qui avoit fait expédier une Ordonnance de dix mille livres, la lui donna Elle-même, lui disant, que c'étoit un présent, & qu'ELLE LE RETE-NOIT POUR SON MEDECIN ORDINAIRE. A quoi M. *Thomasseau* répondit avec autant de dignité que de modestie :

» SIRE, Votre Majesté me fait trop de » grace; je ne suis pas fait pour réussir à l'om-» bre des Courtisans d'un grand Prince; la » Cour est pour moi une mer orageuse où » j'échouerois. Je serai toujours prêt lorsqu'il » s'agira de la santé de Votre Majesté & de la » Famille Royale, & j'accourerai à leur se-» cours, même sans être mandé. « Le Roi lui répondit : J'ADMIRE VOTRE PHILOSOPHIE, ET VOUS EN ESTIME DAVANTAGE; & en lui donnant son Portrait, Sa Majesté lui dit : SOUVENEZ-VOUS DE MOI, ET DE LA PROMESSE QUE VOUS VENEZ DE ME FAIRE.

Ce Discours rouloit à prouver le mouvement du sang porté sans cesse du cœur dans toutes les parties du corps par les arteres, revenant de ces mêmes parties au cœur par les veines. Il prouva la promptitude de ce mouvement de toute la masse du sang par le cœur en treize à quatorze fois par heure, & que fort mal à propos on avoit prétendu que *Harvé*, Médecin Anglois eût été le premier qui en 1628 eût fait cette découverte, puisque plusieurs anciens Auteurs dans cet Art, dès les XII. XIII. XIV. & XVme. siécles, l'avoient connus, mais plusieurs n'avoient osé le rendre public, crainte de la fureur des Critiques. Que *André Cesalpinus* en avoit parlé dès l'an 1593. Que *Jean Leonicenus*, annonçoit que le Pere *Fra-Paolo* avoit découvert la Circulation du sang & les valvunes des veines, mais qu'il n'avoit osé en parler. Mais qu'ayant confié son cahier à *Fabricius d'Aquapendente*, il le fit voir au Sénat de Venise, qui le fit mettre dans sa Bibliotheque.

M. *Thomasseau* est un homme aussi illustré par son savoir, que par sa rare probité.

La Cour ordonna l'édition de cet admirable Discours qui fut prononcé le 12. Janvier ; & un *Nota* trouvé au bas de la Gazette de France du 24 du même mois apprend, que de trois mille exemplaires qui vènoient d'être imprimés, l'on n'en pouvoit plus trouver, qu'il falloit s'adresser à M. Bertin pour le faire chercher. On soubçonne, ajoute ce Critique, que les Médecins jaloux de cette savante Dissertation, n'ayent tout enlevé.

Il paroît, en 1756, que ce soupçon étoit alors fondé, par la recherche inutile qu'on a faite de ce Discours dans les Cabinets des Médecins, & même aux Archives de la Faculté, où il n'est parlé de M. *Thomasseau* cette année, que comme ayant présidé à une Thése.

Voyez l'Arrêt burlesque de M. Boileau Despréaux, où il est parlé de la Circulation du sang. Tom. II. pag. 262. édit. de 1735. Les Lettres de Guy Patin, la vie de M. Descartes. par M. Baillet, &c.

M. *Thomasseau* s'est marié en 1705, & est décédé en 1710. De son mariage sont issus :

JEAN-MARIE-JOSEPH THOMASSEAU, Seigneur *de Cursay & de Landry*, né à Paris, Sous-Diacre, ancien Chanoine d'Appoigny, reçû Avocat au Parlement en 1727; Désigné Archidiacre de l'Eglise de Troyes, par M. Bossuet en 1732, & Chanoine de l'Eglise d'Auxerre, par M. de Caylus en 1738.

Et Madelaine Thomasseau, Demoiselle *des Roches* décédée en 1730, âgée d'environ 23 ans, regretée des Pauvres qui feront long-tems l'éloge de sa charité.

Guillaume Thomasseau, Ecuyer, Seigneur de *la Parisiere* ; Controlleur-Général des Finances en 1562, avoit été élû Echevin à *Bourges* en 1559. où il a fait la seconde Branche.

VOYEZ

Le Journal des Dépenses de l'Hôtel de Ville d'*Angers*, ès années 1552, jusques & compris 1562.

L'*Histoire* de Berry *in-fol.* par M. *de la Thaumassiere*, imprimée à Bourges en 1689. p. 140. & 187. sur l'année 1562.

Les *Mémoires Manuscrits* sur les années 1553. 1562. 1569. 1587. 1620. 1630. 1632. 1685. 1693. 1696.

De

M. Felibien, Historiographe du Roi, & Garde du Cabinet des Antiques, de l'Académie des Inscriptions & Médailles.

M. le Chevalier de Certemont, Commandant des Bombardiers.

M. de Lavau, Auteur des Corrections & Additions du Dictionnaire Universel de Moréry des années 1732. & 1735.

Gazette de France N°. 4. p. 37. du 24 Janvier 1693. portant trois feuilles.

M. Guiblet, Généalogiste & Garde des Manuscrits généalogiques de la Bibliotheque du Roi, Généalogiste de la Maison d'Orléans, & de l'Ordre de Saint Lazare.

Cabinet de M. de Palmeus, 72ᵉ. Portefeuille.

Et *Partages* desdits Fiefs & Seigneuries, passé à Angers le 10 Novembre 1685.

La Noblesse, & le Partage Noble accordé aux Maires & Echevins d'Angers, même pour parvenir à l'Etat & Ordre de Chevalerie; par Lettres Patentes de Louis XI. de Février 1474.

Confirmés, sans finance, pour ceux qui ont précédé l'an 1600 : par Edit du mois de Mars 1667.

Nota. Les Officiers Publics n'ayant pas compris les termes de l'Edit du mois de Mars

1667, portant suppression de Noblesse aux Echevins de la Ville d'Angers ; rédigerent, indistinctement, les Partages des successions, pour les descendans des Echevins prédécesseurs, selon le Droit Coutumier. Méprise dont l'usage s'est perpétué jusqu'à l'obtention des Lettres Patentes du mois de Mars 1743 : portant confirmation, aux descendants des anciens Echévins, du droit de Partage-Noble, &c. régistrées au Parlement le 6. Mai suivant

Recueil des Privileges de la Ville d'Angers, imprimé *in*-4°. en 1748. p. 3.

FIN.

Addition à la page 19.

A la ligne 16. après ces mots *par M. Baillet, &c.* ajoutez : la Comédie de Crispin Médecin, Acte II. Scene IV. par Hauteroche, en 1674.

» Le cœur lui bat encore ! Ah, s'il y avoit ici de
» mes Confréres, *particulierement de ceux qui sont*
» *dans l'erreur*, je leur ferois bien voir par son sis-
» tole & diastole, le mouvement de la *circulation*
» *du sang*.

Voyez plusieurs Comédies de Moliere, & autres Auteurs de Théâtre.

Addition à la page 22.

Sous les Rois qui ont précédé Henry III. & avant l'année 1579. la Possession des Seigneuries ou Fiefs-Nobles étoit une Preuve de Noblesse. Henry-III. supprima, POUR L'AVENIR, cette Noblesse acquise par les Fiefs.

Voyez l'Ordonnance de Blois, art. 158, L'Abrégé Chronologique de l'Histoire de France par M. le Président Hénaut, seconde partie, p. 454. édit. de 1751. & ailleurs dans cet Auteur.

Il est visible que l'Auteur de cet Ouvrage l'a entrepris comme une Défense contre differens Reproches que lui ont fait certains Adversaires injustes & mal instruits. Il lui eût été facile de produire des Recherches plus étendues; mais cet Essai suffit, & sera toujours, pour Eux, sans replique.

FIN.

A la page 18. ligne 14 Valvunes, lisez Valvules.

www.ingramcontent.com/pod-product-compliance
Lightning Source LLC
Chambersburg PA
CBHW070457080426
42451CB00025B/2774